VENTE

DU LUNDI 21 DÉCEMBRE 1868

AQUARELLES

PAR

ZIEM

<table>
<tr><td>Mᵉ BOUSSATON</td><td>M. DURAND-RUEL</td></tr>
<tr><td>COMMISSAIRE-PRISEUR</td><td>EXPERT</td></tr>
</table>

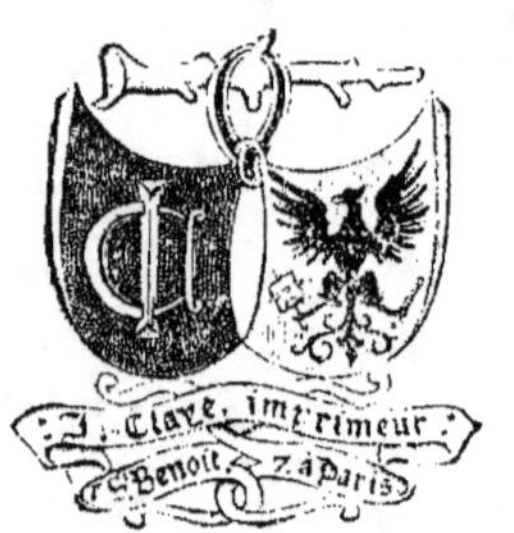
J. Claye, imprimeur
St-Benoit, 7 à Paris

CATALOGUE

DE

34 AQUARELLES

PAR

ZIEM

DONT LA VENTE AURA LIEU

HOTEL DROUOT, SALLE N° 3

Le Lundi 21 Décembre 1868

A 3 HEURES 1/2 PRÉCISES

....

EXPOSITIONS

PARTICULIÈRE, Samedi 19 Décembre, de 1 à 5 heures.

PUBLIQUE, Dimanche 20 Décembre, de 1 à 5 heures.

————————

Mᵉ BOUSSATON

COMMISSAIRE-PRISEUR, RUE LE PELETIER, 7

ASSISTÉ DE

M. DURAND-RUEL

EXPERT, RUE DE LA PAIX, 1

CONDITIONS DE LA VENTE

Elle sera faite au comptant.

Les adjudicataires payeront cinq pour cent en sus des enchères, applicables aux frais.

*Il n'est pas toujours nécessaire pour voyager de
monter en wagon ou de prendre le bateau à vapeur, &
la preuve en est que nous venons, sans quitter notre
fauteuil, de revoir Venise, Marseille, la Méditerra-
née, Barbizon, la Hollande & même un coin de
l'Égypte. La caravane sortait du Caire, & si nous
ne l'avons pas suivie, c'est pure paresse de notre part,
ou plutôt que le carton de M. Ziem n'allait pas plus
loin. Trente-quatre aquarelles remplissaient le porte-
feuille que l'artiste ouvrait à nos yeux & resplendis-
saient dans la chambre sombre qu'éclairait un pâle
jour d'automne.*

*On sait que Ziem est compté depuis longtemps
déjà parmi les plus illustres des* painters of water-
colours, *comme disent les Anglais, chez qui l'aquarelle est en grand honneur & qui en font des exposi-
tions spéciales; sa gloire va de pair avec celle des*

Turner, des Bonington, des Stanfield, des Callow,
des Cattermole, des Lewis, des William Wyld, des
Prout, des Roberts, des Hildebrandt & autres célé-
brités du genre. Cependant, malgré la tournure
exotique de son nom, Ziem est Français, & il trempe
aussi délibérément son pinceau dans le godet d'huile
grasse que dans le verre d'eau pure; la toile, les
panneaux ne l'effrayent pas plus que le carton bristol
ou le papier torchon. C'est à la pratique de l'huile
sans doute qu'il doit sa supériorité d'aquarelliste, car
à la transparence il joint la solidité; mais que sa
palette soit de bois ou de faïence, il sait toujours y
étaler la lumière.

Chaque artiste a une patrie idéale souvent éloi-
gnée de son vrai pays; son talent s'y plaît comme
dans une atmosphère propice & y revient à tire-d'aile
dès qu'il est libre; c'est là qu'il s'épanouit & porte ses
plus belles fleurs. La patrie de Ziem est Venise; il
peut bien la quitter, voyager & passer une saison à
Constantinople ou ailleurs, mais c'est là que sa peinture a son domicile légal; elle habite sur la riva dei
Schiavoni, le palais de Canaletto & de Guardi, dont
plus tard Bonington & Joyant furent les locataires;
aussi comme il est chez lui dans la ville des doges!
comme il en connaît les canaux, les ruelles, les
places, les traghets, les sotto-portico, les cours & les

moindres recoins! comme sa gondole file adroitement à travers les embarras & tourne avec précision les angles des rues d'eau! La Vénus de l'Adriatique, qui sort à demi de la mer son corps blanc & rose, n'a pas de secret pour lui; elle se laisse voir sans voile à son fervent adorateur.

Ziem ne voit pas seulement Venise en peintre, il la voit aussi en poëte: ni lord Byron, ni Musset, ni George Sand, n'en ont mieux compris le charme mystérieux & la beauté fascinatrice. Il fait flotter son rêve sur la réalité, & comme un amant il trouve à sa maîtresse des grâces secrètes, des séductions inconnues; il ne se contente pas de représenter bien exactement selon les lois de l'architecture & de la perspective les dômes, les églises, les palais de Sansorino, de Palladio, de Sammichele, de Tremigiano; il leur donne une âme, il les fait vivre, il les enveloppe d'un charme, il les console de leurs splendeurs disparues par un sourire d'aurore, par un rayon de soleil; il baigne d'une onde amoureuse & caressante leurs murailles dégradées, & il fait traîner dans l'eau comme des tapis turcs leurs reflets tremblants & diaprés de riches couleurs. Il a fait le portrait de sa ville chérie à toutes les heures du jour, des premières blancheurs de l'aube aux dernières rougeurs du soir, de face, de profil, de trois quarts, sous tous les aspects:

jamais il ne s'en lasse, & sa passion comme celle des vrais amoureux ne connaît ni la satiété ni la fatigue : cela ne nous étonne pas, nous avons été nous-même sous le charme ; l'enchanteresse, pour nous avoir bercé quelques jours sur son sein, nous a laissé un long souvenir & comme une incurable nostalgie.

On va dans ces aquarelles du Ponte-da-Dona à Saint-Georges, des murs de l'arsenal à Canareggio, du jardin de Quintavalle à la chapelle de Murano ; on s'arrête dans le port de Venise aux embarcations pittoresques, on voit les bragosi byzantins, le palais Foscari sur le grand canal où demeurait Byron & où avaient lieu les régates que représentent les vieilles gravures, la Dogana avec ses colonnes d'ordre rustique & sa fortune en équilibre sur la boule du monde, l'église de San Simeon & celle riva dei Schiavoni qui a pour angle la façade rose & blanche du palais ducal découpant ses palmettes de marbre sur le bleu tendre du ciel & qui s'étend du pont de la Paille au jardin Français, avec ses palais, ses maisons, ses églises faites à souhait pour le plaisir du peintre & sa foule étrange & bariolée de promeneurs.

Nous ne pouvons décrire ces aquarelles l'une après l'autre, cela nous mènerait trop loin, mais elles donnent la plus complète sensation de Venise. Ziem excelle à rendre ce ciel bleu & rose, cette lumière

d'argent qu'on ne trouve que là et à Constantinople.
Avec une goutte d'eau où se dissout une parcelle de
couleur, il bâtit en quelques coups de pinceau une
maison au crépi vermeil, avec balcon tréflé, aux
poteaux d'amarres bariolés, aux cheminées évasées en
turban: un palais d'architecture lombarde, aux
façades où s'épanouissent les anciennes fresques de
Giorgone; mais ce qu'il exprime mieux encore, c'est
l'eau verte de la lagune brisée en mille écailles de
lumières & reflétant les caprices du ciel à travers les
sillages & les remous des gondoles qui dérangent les
silhouettes répercutées des palais.

De Venise nous rétrogradons vers Marseille, cette
ville colorée qui de son origine Phocéenne semble avoir
retenu un rayon de la Grèce. Le ciel est aussi bleu
derrière ses maisons blanches que derrière le fronton
du Parthénon: le soleil y chauffe la pierre aussi fort
que le marbre du pentélique, & la mer y roule des
volutes d'un azur aussi foncé qu'au Pirée ou au cap
Sunium. Ziem se plaît dans ce port hérissé de mâts,
incendié de lumière où les couleurs brûlent comme
en Afrique; il plaque de soleil les murailles étin-
celantes, il fait dissoudre dans l'eau le lapis lazuli
le plus vif de sa palette; il vaporise l'or & l'argent
pour en composer l'atmosphère, & se joue avec bon-
heur dans ce flamboyement méridional: il monte sur

les tartanes qui vont à la pêche, il suit la cinche de
thons, & les vagues de ses aquarelles traînent les
madragues où se prennent les dauphins. Quelle mer-
veille d'éclat & de transparence que le port de
Sausset, que le vieux port, que les balancelles
espagnoles *débarquant des oranges!* L'artiste fait
des courses dans las Camarguas, ce delta où le Rhône
aux multiples embouchures se donne des airs de Nil.
Les chevaux sauvages traversent sa peinture d'un
galop rapide, excités par le vent salé de la mer.
Il nous montre Martigues, les Saintes Maries,
Trinquetaille *près d'Arles,* la « mère des milles, »
& sur tous ces beaux sites d'un caractère si neuf & si
étrange, il fait jouer tous les caprices de la lumière
aux différentes heures du jour.

« A beau mentir qui vient de loin » peut-on dire
aux voyageurs; ces aurores si fraîches & si roses,
ces midis si ardents, ces ciels si bleus, ces rochers
qui ont l'air de pierres précieuses, ces palais pareils
aux châteaux des contes de fées, tout cela est peut-
être de votre invention, ou du moins vous nous les
faites voir à travers des feux d'apothéose, montrez-
nous un peu une nature que nous connaissions; &
Ziem, comme s'il avait prévu cette incrédulité, nous
prouve qu'il est aussi familier avec Fontainebleau
que Dénéchaux lui-même, le grand sylvain du lieu.

Quel réaliste, ne sachant faire que cela, a peint mieux que lui Barbizon? Voilà la plaine & le verger & le village par un beau temps, par la pluie, à l'aube, au crépuscule, au clair de lune, et cela avec une vérité étonnante. Voyez ces gris fins, ces vents tendres, ces terrains neutres, toute cette gamme éteinte & douce qui est celle de nos climats. Ziem sait se passer de ce soleil qui argente Venise & dore Marseille; il connaît comme pas un tous les maîtres-chênes de Fontainebleau.

La plaine de Harlem, *les* moulins d'Amsterdam, *l'une avec son horizontalité sur laquelle pose un grand ciel, les autres avec leurs pittoresques collerettes de charpente, sont d'une admirable sincérité d'aspect; on se sent transporté dans le monde des Van-de-Velde, des Van-der-Neer, des Van-der-Heyden.*

D'une aquarelle à l'autre on fait des voyages au long cours, car nous voici en Égypte sur le Nil devant l'île de Philæ à neuf heures du soir, quand le soleil disparaît dans les rougeurs embrasées du couchant, & en retournant un peu sur nos pas nous sommes au Caire, où nous assistons au départ de la caravane pour la Mecque. Cela nous étonne bien que Ziem ne se soit pas joint aux pèlerins pour aller visiter avec eux la pierre noire de la Caaba & le

*

puits Zem-zem ; mais il sait que les Orientaux n'aiment pas la peinture, car il s'est contenté de les regarder partir. Il nous donne là un Orient à lui, que n'ont vu ni Decamps, ni Marilhat, ni Delacroix, ni Belly, ni Gérome, car l'art n'est autre chose que l'art ajouté à la nature, & chez Ziem l'homme a une originalité qui se reflète sur les choses. D'instinct il choisit le point de vue particulier, l'effet rare, l'heure caractéristique, la couleur étrange & spéciale. Sa vérité a quelquefois l'air d'un paradoxe, mais elle n'en est pas moins exacte. Sur le fond réel de la nature il fait chanter comme un chœur aérien les mélodies de la couleur.

THÉOPHILE GAUTIER.

AQUARELLES

PAR

ZIEM

DÉSIGNATION

VENISE

1. — Ponte dà donâ Fondamente nuovo.

5 mai 1868. — 11 h. 1/2 du matin.

H. 17; L. 25 1/2.

2. — Saint Georges majeur; crépuscule.

7 septembre 1864. — 6 h. 1/2 du soir.

H. 6; L. 13 1/2.

3. — Murs de l'Arsenal (sirocco).

3 mai 1868. — 11 h. du matin.

H. 14 1/2; L. 23 1/2.

4. — Grand canal.

10 mai 1868. — Midi.

H. 24; L. 21.

5. — Pointe du couvent des Capucins, près Murano.

11 septembre 1864. — 6 h. 1/2 du soir.

H. 20; L. 33.

6. — Le Jardin français; clair de lune.

7 octobre 1864. — 10 h. du soir.

H. 14; L. 23.

7. — Port de Venise; navire au vent de tramontana.

16 mai 1862. — Midi 1/2.

H. 18; L. 12.

8. — Port de Venise; soleil couchant.

11 septembre 1864. — 6 h. du soir.

H. 35; L. 21 1/2.

9. — Barques chioggiottes byzantines; départ
de pêcheurs dans la lagune; marée
basse.

5 juin 1864. — 7 h. du matin.

H. 11; L. 19.

10. — Canal de Foscari (sirocco).

5 mai 1868. — 11 h. du matin.

H. 25 1/2; L. 18.

11. — Pointe de la Douane.

7 mai 1868. — 9 h. du matin.

H. 24; L. 32.

12. — Grand canal; Saint-Siméon in Piccolo.

20 mai 1868. — 5 h. du soir.

H. 22 1/2; L. 32.

13. — Riva dei schiavoni; ponte alla Pieta.

6 juin 1868. — 6 h. du soir.

H. 23; L. 35.

14. — Le Palais des Doges; partie de plaisir.

19 juin 1864. — 10 h. du matin.

H. 25 ; L. 34.

MARSEILLE

15. — Port de Sausset; pêcheurs de thons.

18 avril 1863. — 11 h. du matin.

H. 23 ; L. 32.

16. — Entrée du port.

25 juillet 1863. — 8 h. du matin.

H. 22 ; L. 33.

17. — Moulins de Trinquetaille (Arles).

4 mai 1863. — 8 h. du matin.

H. 12 1/2 ; L. 20.

18. — Balancelles espagnoles débarquant des
oranges.

4 juin 1863. — 3 h. du soir.

H. 22 1/2 ; L. 32.

19. — Les Saintes Maries ; Camargue.

25 mai 1863. — 9 h. du matin.

H. 22 ; L. 33.

20. — Chevaux sauvages ; Camargue. (Pollet.)

3 juin 1863. — 7 h. du matin.

H. 25 ; L. 35 1/2.

21. — Cinche de thons ; Sausset.

4 juillet 1863. — Matin.

H. 32 ; L. 47.

22. — Barques tartanes pêchant le Bœuf.

Décembre 1863. — 10 h. du matin.

H. 21 ; L. 31 1/2.

23. — Martigues.

Octobre 1863. — 5 h. 1/2 du soir.

H. 23 1/2; L. 33.

24. — Martigues.

4 mars 1868. — 7 h. du matin.

H. 19; L. 33.

BARBIZON

25. — Plaine de Barbizon.

10 octobre 1868. — 10 h. du matin.

H. 14; L. 25.

26. — Barbizon; effet de lune.

1ᵉʳ octobre 1865. — 8 h. 1/2 du soir.

H. 13 1/2; L. 21.

27. — Le village de Barbizon.

25 octobre 1867 — 6 h. 1/2 du soir.

H. 25; L. 37 1/2.

**28. — Plaine de Barbizon, après la pluie; cré-
puscule.**

17 octobre 1868. — 7 h. 1 2 du soir.

H. 15 1/2; L. 26.

29. — Plaine de Barbizon.

18 mai 1866. — 11 h. du matin.

H. 21 1 2; L. 35.

30. — Jean de Paris; forêt de Fontainebleau.

4 septembre 1865. — 6 h. du soir.

H. 22 1/2; L. 17

HOLLANDE

31. — Plaine de Harlem.

22 septembre 1860. — 5 h. 1/2 du soir.

H. 21 ; L. 32.

32. — Moulins à Amsterdam.

25 août 1860. — 10 h. du matin.

H. 19 1/2 ; L. 16.

ORIENT

33. — L'île de Philæ ; Égypte.

5 juillet 1854. — 8 h. 1/2. du soir.

H. 26 1/2 ; L. 37.

34. — Caravane partant du Caire pour la Mecque.

4 octobre 1854. — 7 h. du matin.

H. 25 1/2 ; L. 40.

PARIS. — J. CLAYE, IMPRIMEUR, 7, RUE SAINT-BENOIT. — [1545]